DIE REIHE
Archivbilder

HERSFELD

IM WANDEL DER ZEITEN

Ernst Bingel (1864-1932), der im Jahre 1902 das Fotoatelier von Oscar Tellgmann aus Esch-
wege/Werra übernahm, fotografierte Hersfeld als Kleinstadt in ihrer Entwicklung. Herauszu-
heben sind seine fotografischen Arbeiten für den Großherzog von Hessen, insbesondere von den
„Kaisermanövern". Neben zahlreichen Auszeichnungen wurde Ernst Bingel der Titel königlich-
preußischer Hoffotograf verliehen.

DIE REIHE
Archivbilder

HERSFELD

IM WANDEL DER ZEITEN

Arno Bingel

SUTTON
VERLAG

Sutton Verlag GmbH
Hochheimer Straße 59
99094 Erfurt
www.suttonverlag.de
Copyright © Sutton Verlag, 2002

ISBN 978-3-89702-410-6

Druck: Books on Demand GmbH, Norderstedt, Deutschland

Das Foto-Atelier im Stift, 1960.

Inhaltsverzeichnis

Nach dem Tode von Ernst Bingel im Jahre 1932 übernahm sein Sohn Hans Bingel (1892-1956) das Geschäft im Bad Hersfelder Stiftsbezirk. In der Vorkriegs- und Kriegszeit, bis zur Währungsreform 1948 ging es dem Unternehmen wirtschaftlich nicht sehr gut. Unverdrossen dokumentierte er dennoch die weitere Entwicklung seiner Vaterstadt. Er verstarb nach schwerer Krankheit 1956.

Arno Bingel, Jahrgang 1934, arbeitete zunächst im elterlichen Geschäft, ab 1955 im Verlag der Hersfelder Zeitung als Pressefotograf. Ein weites fotografisches Feld wurde ihm dadurch eröffnet. So fotografierte er beispielsweise Industrieansiedlungen oder neue Wohngebiete und begleitete fast 40 Jahre die Bad Hersfelder Festspiele. 1991 musste er aus gesundheitlichen Gründen seinen Beruf aufgeben, blieb aber als freier Mitarbeiter mit dem Verlag verbunden.

Zur Einstimmung

Hersfelds große Vergangenheit wird heute nur noch in der Ruine des größten Karolingerbaus Deutschlands sichtbar, der Kirche des 775 von Karl dem Großen zur Reichsabtei erhobenen Klosters. Dessen Grundstein war bereits 736 mit der Errichtung einer Einsiedelei durch den Bonifatius-Schüler Sturm gelegt worden, die endgültige Gründung um 769 erfolgte durch Lullus. Die Hersfelder Stiftskirche in ihrer eindrucksvollen Größe (Länge: 102,80 m; Querhaus: 56,50 m) hat zu allen Zeiten das äußere Bild der Stadt bestimmt. Die Klostergründung durch Lullus, Weggefährte und Nachfolger des Bonifatius als Mainzer Erzbischof, erwies sich im frühen Mittelalter aufgrund ihrer wichtigen kirchenpolitischen Funktion und ihrer Lage im Grenzbereich Franken, Sachsen und Thüringen als besonders günstig.

Die Reichsabtei wurde nicht nur mit dem kaiserlichen Schutzprivileg, sondern auch mit umfangreichem Grundbesitz ausgestattet. Die Einkünfte aus selbigem ermöglichten den stattlichen Kirchenbau, der bereits in karolingischer Zeit begonnen, jedoch nach Brand und baulichen Veränderungen endgültig im 12. Jahrhundert vollendet und 1144 in Anwesenheit König Konrads III. eingeweiht wurde. Die Benediktinerabtei verhielt sich stets kaisertreu und hatte deshalb im hohen Mittelalter zeitweilig Einfluss auf die deutsche Reichspolitik. Dies gilt insbesondere für die Zeit Kaiser Heinrichs IV., der sich häufig in Hersfeld aufhielt, um von hier aus militärische Maßnahmen gegen seine politischen Widersacher zu organisieren. Aus dieser Zeit dürfte wohl auch der Bau einer mutmaßlichen Kaiserpfalz stammen, deren Grundmauern 1978 bei Ausgrabungen im Klosterbezirk gefunden wurden. Die verkehrsgünstige Lage des Klosters am Schnittpunkt bedeutender mittelalterlicher Fernstraßen und seine Attraktion als Wallfahrtsort (die Gebeine der Heiligen Wigbert und Lullus befanden sich in der Krypta der Abteikirche) führten früh zu einer Ansiedlung von Handwerkern und Kaufleuten am Fuße des Frauenberges. Dort entstand die älteste Hersfelder Pfarrkirche, die der heiligen Maria geweiht war. Reste des Mauerwerks dieser Kirche wurden 1959 in den Neubau einer kirchlichen Tagungsstätte einbezogen.

Die erste Ansiedlung wird bereits 1142 als Markt erwähnt, der sich an der Stelle vor dem späteren Rathausbau befand. Der heutige Marktplatz, eine außergewöhnlich große Fläche inmitten der Stadt, wurde ursprünglich Ebenheit genannt und vermutlich für Jahrmärkte des Klosters und Versammlungen genutzt. Seit Jahrhunderten findet hier einmal jährlich im Oktober das Lullusfest statt, das man bereits zum Andenken an den Abteigründer feierte. Die Marktsiedlung wurde seit 1170 als Stadt („civitas") bezeichnet, die weiterhin der Reichsabtei unterstand und einen der zwölf Verwaltungsbezirke des geistlichen Fürstentums Hersfeld bildete. Begünstigt durch die Reichsgesetzgebung des Stauferkaisers Friedrich II. konnte die Abtei im hohen Mittelalter eine eigenständige Landeshoheit herausbilden.

Das geistliche Fürstentum und die nach Unabhängigkeit strebende Stadt gerieten bald in einen Konflikt, der in der Vitalisnacht (28. April) des Jahres 1378 seinen Höhepunkt erreichte. Der Abt wollte mit einem Raubritterheer die Stadt überfallen, um sie gewaltsam wieder der Botmäßigkeit des Klosters zu unterstellen. Nach dem gescheiterten Überfall war die Kluft noch größer geworden, da die Stadt inzwischen einen Bündnisvertrag mit der Landgrafschaft abgeschlossen hatte.

In der Entwicklung der Stadt trat eine Stagnation ein, die erst im 19. Jahrhundert überwunden werden sollte. Der Grund war nicht allein im Verlust der Residenz zu suchen, sondern auch in militärischen Ereignissen und Katastrophen, die über die Stadt hereinbrachen. So beispielsweise der Bauernkrieg 1524/25, der nicht spurlos an Hersfeld vorüberging. Die Stadt hatte die rebellierenden Bauern in ihre Mauern gelassen und ihre Forderungen in zwölf Artikeln akzeptiert. Dafür wurde sie später vom Landgrafen Philipp dem Großmütigen in eine harte Strafe genommen. Hundert Jahre später musste Hersfeld schwere Zeiten während des Dreißigjährigen Krieges durchstehen. Der kaiserliche Feldherr Tilly hatte in den Jahren 1623 bis 1625 sein Hauptquartier in der Stadt, der in dieser Zeit große Opfer abverlangt wurden. Im Siebenjährigen Krieg (1756-1763) wurde die Stadt von französischen Truppen besetzt. Wieder hatte die Bevölkerung durch Einquartierungen und Fouragelieferungen sehr zu leiden. Als die Franzosen 1761 die Stadt überstürzt räumen mussten, da sich ein preußisches Heer näherte, zündeten sie die große karolingische Klosterkirche an, welche sie als Vorratsmagazin benutzt hatten. Dem tagelang wütenden Großbrand fielen auch alle Abteigebäude zum Opfer. Ein weiteres Kriegsereignis bedrohte erneut die Existenz der Stadt, die 1807 wiederum von französischen Truppen besetzt wurde. Nach handgreiflichen Auseinandersetzungen zwischen Bevölkerung und Besatzern sollte Hersfeld auf Befehl Napoleons geplündert und eingeäschert werden. Jedoch der Untergang der Stadt wurde durch das mutige Verhalten des badischen Oberstleutnants Lingg verhindert, der nur zum Schein die Durchführung des kaiserlichen Befehls veranlasste. Die dankbaren Bürger errichteten später ihm zu Ehren ein Denkmal.

Im Zeitalter der Industrialisierung erlebte Hersfeld einen wirschaftlichen Aufschwung durch den Aufbau einer beachtenswerten Tuchindustrie und anderer Industriezweige. Bekannteste Persönlichkeit über die Grenzen der Stadt hinaus dürfte zu Beginn dieses Jahrhunderts Konrad Duden, Begründer der neuen deutschen Orthografie, gewesen sein. Er war in den Jahren 1876 bis 1905 Direktor des Gymnasiums, das als traditionsreiche Bildungsstätte bereits seit 1570 bestand und in den Gebäuden eines ehemaligen Franziskanerklosters untergebracht war. Zur Zeit Dudens bemühte man sich in Hersfeld sehr um die Wiederauffindung eines versiegten, alten Heilbrunnens, der schon um 1630 regen Zuspruch gefunden hatte. 1904 hatten die Bohrungen Erfolg, denn man entdeckte eine neue Heilquelle, den Lullusbrunnen. 1906 wurde das Kurbad eingerichtet, das der Stadt neue Erwerbszweige bringen sollte. Weitere Heilquellen kamen mit dem Linggbrunnen und der Vitalisquelle hinzu, die wegen ihres starken Glaubersalzgehaltes bekannt wurde. Seit 1949 darf sich die Stadt Bad Hersfeld nennen und ist seit 1963 hessisches Staatsbad.

Neben schriftlichen Dokumenten und weiteren Quellen sind auch Bilder wichtige Zeugen der Vergangenheit. Mit Erfindung der Fotografie wurde eine zuverlässigere Darstellung früherer Zeiten möglich, sodass die ersten Ansichtskarten von Hersfeld reizvolle Vergleichsmöglichkeiten zu älteren künstlerischen Darstellungen bieten. Die gotische Stadtkirche des 14. Jahrhunderts (vollendet 1584) zeigt sich da zum Beispiel noch mit ihrem spitzen Turm, der 1760 abbrannte und danach seine jetzige Gestalt erhielt. Unsere fotografischen Stadtansichten stellen Hersfeld im Zeitraum zwischen 1890 und 1970 dar, in dem sich die Zahl der Einwohner auf etwa 15.000 verdoppelte. Die Bilder vermitteln noch den Eindruck einer stark ländlich geprägten Kleinstadt, deren äußere Erscheinung sich jedoch durch den Bau neuer Verkehrswege und Industrien sowie die Entwicklung des Kurbades bereits zu wandeln beginnt. Bis zur Gegenwart hat sich die Einwohnerzahl wiederum verdoppelt. Neue Wohngebiete wurden erschlossen, welche auf den Bildern noch Ackerland, Wiese oder Wald sind: Wehneberg, Wendeberg, Zellersgrund, Eichhofsiedlung, Hohe Luft mit Petersberg, Kurviertel, Frauenberg, Johannesberg und Obersberg.

1

Alt-Hersfeld

Das Stift mit der Stiftsruine, im Hintergrund die Stadtkirche, 1900.

Der Rathausvorplatz vor dem Abbruch der Häusergruppe (rechts), um 1887. In der Mitte des Platzes steht das Lullusdenkmal zu Ehren des Stadtgründers.

Gesamtansicht der Stiftsruine: Ostchor, Langhaus und Querhausflügel, 1900.

Blick in das Innere der Ruine mit Eingang zur Krypta, Vierung und Triumphbogen.

Am nördlichen Querhaus an der Vorhalle befinden sich wertvolle Kapitelle.

Die bienenkorbförmige, um 1038 gegossene Lullusglocke hängt als einzige Glocke im Katharinenturm und wird nur einmal im Jahr geläutet, und zwar zum Lullusfest. Übrigens gilt sie als älteste Glocke Deutschlands nördlich der Alpen.

Romanisches Kapitell, ein Stück aus der Vorgängerkirche der Bun-Kirche von 850. Es handelt sich um das älteste Stück in unserem Museum.

Der freie Blick auf die Stadtkirche nach dem Abbruch der Häusergruppe am Rathausplatz wurde durch einen Neubau wieder geschlossen.

Das Linggdenkmal. Es zeigt den Erretter Hersfelds, Johann Baptiste Lingg von Linggenfeld, der im Dienste von Feldherr Napoleon 1806/07 die Stadt vor dem Niederbrennen rettete.

Unter großer Anteilnahme der Bevölkerung wird 1896 das Linggdenkmal eingeweiht.

Der Linggplatz in seiner ganzen Pracht.

Eng und verwinkelt: der Vordere Stein-
graben.

Die Uffhäuserstraße mit Stadttor, 1920.

16

Die Klausstraße um 1900, Blick vom Rathaus.

Die Breitenstraße im ländlichen Stil: links „parken" die Leiterwagen, Jugendliche und Erwachsene stellen sich dem Fotografen.

17

„Hopfen und Malz, Gott erhalt's": Das war der Wahlspruch der Bierbrauer. Die Belegschaft der Brauerei Engelhardt ist auf diesem Gruppenfoto von 1902 zu sehen.

Hersfelds Industriebetriebe mitten in der Stadt: Brauerei W. Engelhardt Am Brink/Ecke Neumarkt, links: „Das Saufhaus", welches 1945 zerstört wurde.

Die Anfänge der Firma Maschinenbau Benno Schilde zwischen dem Vlämenweg und der August-Gottlieb-Straße, 1874.

Der Blick vom Stadtkirchturm auf die Fabriken Schilde (links) und August Gottlieb, einer Sei-
lerei um die Jahrhundertwende.

Das Gaswerk der Stadtwerke am Schillerplatz; links der Klausturm, rechts die katholische
Kirche, 1862.

Das königliche Gymnasium, später Alte Klosterschule genannt, um 1900. Hier wirkte Dr. Konrad Duden als Direktor und Schulleiter. Er wurde durch sein orthografisches Wörterbuch bekannt.

Der neugebohrte Lullusbrunnen: eine Bretterbude. Der würdige Herr mit weißem Bart ist Konrad Duden bei einer Kostprobe.

Das spätere Kurparkgelände um 1904. Rechts ist der Lullusbrunnen, links das heutige Blumenhaus Serfling am Hindenburgplatz zu sehen.

Ganz im Stile der Gründerzeit präsentierte sich der Bad Hersfelder Kurpark im Jahre 1904. Hier ist das Kurhaus zu sehen.

Ein Kasernengebäude, welches 1891 im Stiftsbezirk bezogen wurde und später die so genannte Kriegsschule beherbergte.

Passier - Schein.

Der Hofphotograph Ernst B i n g e l in Bad H e r s -
f e l d erhält hiermit die Erlaubnis, während der im Au-
gust d.Js. vor Seiner Majestät dem Kaiser und König bei
M a i n z stattfindenden Truppenschau photographische
Aufnahmen machen zu dürfen.
(Mit 1 Gehilfen und 1 Apparat.)

P o t s d a m, den 11.August 1907.

D. Scholl

General der Kavallerie und General-Adjutant Seiner Majestät des Kaisers u.Königs.

B e d i n g u n g e n.

Es wird Jhnen hiermit zur Pflicht gemacht Jhre Aufstel-
lung so zu wählen, daß Sie möglichst verdeckt, unauffällig
und nicht ärgerniserregend sind.
Die Veröffentlichung der gemachten Photos ist von
der diesseitigen Erlaubnis abhängig und haben Sie zu diesem Zweck je ein Excemplar sämtlicher Aufnahmen vorher
unaufgezogen baldigst an mich einzusenden.

Ein Passierschein, der das Fotografieren nur unter Einhaltung diverser Bedingungen gestattete.

Kaisermanöver bei Mainz, 1907. Eine Collage dokumentierte dieses denkwürdige Ereignis.

1914: Bevor die gemusterten Soldaten ins Feld zogen, stellten sie sich noch einmal der Kamera von Ernst Bingel.

Premiere der Vitalisspiele, 1928. Ernst Bingel fotografierte die Hauptdarsteller des Festspiels „Abt von Hersfeld".

Fahrendes Volk mit Kind und Kegel sowie alle Tiere stellten sich hier zum Gruppenfoto vor dem Atelier Bingel im Stift auf.

2

Die Dreißiger- und Vierzigerjahre

Partie an der Haune. Das Foto entstand hinter der Fuldabrücke, wo der Weg nach Bingartes abbog. Heute pulsiert hier das Leben, die Haune fließt weiter oberhalb in die Fulda.

Frühjahrshochwasser an der alten Fuldabrücke, gleich hinter dem Schlachthof.

Das Mauerwerk der ehemaligen Marienkirche auf dem Frauenberg. Heute ist es in den Neubau einer kirchlichen Tagungsstätte einbezogen.

Die alte Molkerei in der Hainstraße gegenüber der Post.

Arbeit in einer Schusterwerkstatt. Man achte auf die Vielzahl der Schusterlehrlinge und Gesellen.

Das Wahrzeichen des Dorfes Petersberg: Ein Windrad zur Wasserförderung, 1909. Heute längst verschwunden, erinnert nur noch ein kleines Denkmal an diese Zeit, 1961. Das Dorf wurde im Zuge der Gebietsreform zu einem Stadtteil Hersfelds.

Die „Hamburger Hütte" auf dem Tageberg in ihrer Glanzzeit. Heute ist sie halb so aufwändig konstruiert.

Die „Hählgans", ein Gutshof mitten im Wald, liegt im Westen von Hersfeld und war ein beliebter Ausflugsort.

1200-Jahr-Feier in Hersfeld, 1936. Die „Pankgrafschaft" stürmt Hersfeld – ein historisches Spiel. Zu diesem Zwecke wurden die Stadttore als Kulissen wieder aufgestellt, hier das Johannestor.

1.200 Jahre Hersfeld. Anlässlich dieses Jubiläums im Jahre 1936 erfolgte die Einweihung der Kulturhalle mit einer Oper des Staatstheaters Kassel.

Der Bau der Autobahn im Raum Hersfeld von 1934 bis 1938 war ein wichtiger Abschnitt in der wirtschaftlichen Entwicklung der Stadt. Bedeutend sind hier die Ost-West-Verbindung sowie die Nord-Süd-Strecke mit dem Kreuz Kirchheim.

Im Jubiläumsjahr 1936 wurden auch die Arbeitersiedlungen und der Kasernenbau „An der Warth" fertig gestellt und bezogen.

Das Glockengeläut der Stadtkirche wurde im Jahre 1944 aus dem Turm geholt und sollte eingeschmolzen und zu Kanonen gegossen werden. Dazu kam es aber nicht. Später wurden die Glocken in Hamburg wieder aufgefunden und nach Bad Hersfeld zurückgebracht.

1943, als der Bombenkrieg in den deutschen Städten wütete, mussten auch in Bad Hersfeld Schutzräume geschaffen werden. Der nahe gelegene Wald mit seinen vielen Schluchten war idealer Baugrund für Stollen und Bunker. Die Männer, die nicht mehr zum Fronteinsatz kamen, wurden hier eingesetzt, um in den „Alpen" einen Stollen zu graben.

1945: Der Zweite Weltkrieg ist vorbei. Von Bingels Anwesen im Stift geht der Blick zum Linggplatz mit der zerstörten Stiftsschänke, im Vordergrund, und dem zerschossenen Kirchturm.

So geruhsam ging es in der Nachkriegszeit in Hersfelds Umgebung zu: Dorfidylle in Rohrbach.

Am südlichen Stadtrand befand sich die einzige Freibadanlage von Bad Hersfeld: Das Strandbad an der Fulda.

Bad Hersfeld im Aufschwung, hier um 1950: Die Lehrwerkstatt der Firma Benno Schilde AG.

Das Bad Hersfelder Sperrholzwerk der Firma Braun war ein wichtiger Industriezweig im aufstrebenden Wirtschaftsleben der Stadt.

Hersfelder Originale: Brunners Fritz gehörte dem Hersfelder „Streichorchester" an. Er war Straßenfeger im städtischen Dienst.

„Sieberts Maschinchen", mit Vornamen Wilhelm. Zur Belustigung der Bevölkerung spielte er meist zu Festlichkeiten. Er sang die erste und seine Violine spielte die zweite Stimme.

3

Die Jahre 1950 bis 1970

Das Lullusfest, welches in jedem Jahr zu Ehren des Stadtgründers Abt Lullus gefeiert wird, ist der Höhepunkt aller Festlichkeiten der Stadt und das älteste Volksfest Deutschlands. Die Lollswoche findet um den 16. Oktober herum statt, dem Todestag Lullus'. Die Symbolfigur des Festes ist der Feuermeister, hier Hans Post, der dieses Amt von 1926 bis 1958 inne hatte. Am Lullusmontag wird durch den Bürgermeister und den Feuermeister das Lullusfeuer entzündet, eine Woche lang streng gehütet durch die „Feuerknechte". Die Kinder opfern den Flammen gesammelte Kastanien.

Der Lollsmontag, 1939. Eine große Menschenmenge hat sich um die Feuergrube versammelt.

Nach dem Entzünden des Feuers war es Brauch, sich zum Eckhaus Marktplatz/Linggplatz umzudrehen. Dieser Moment wurde von Fotograf Hans Bingel im Bild festgehalten, der am Fenster im ersten Stock seine Plattenkamera in Stellung gebracht hatte.

Kurt Bode, Feuermeister von 1958 bis 1978.

Die Stadtsoldaten, mit Säcken voll Walnüssen beladen, stellten sich vor dem Festzug dem Fotografen.

Die Freiwillige Feuerwehr der Stadt Bad Hersfeld ist, neben zwei Sportvereinen, der älteste Verein der Stadt. „140 Jahre zum Wohle der Gemeinschaft!" Dieses Foto entstand 1907, als eine Hauptübung auf dem Linggplatz stattfand.

Die Fahrzeuge der Feuerwehr sind auf dem Marktplatz für eine Übung aufgefahren, 1960.

Wasser marsch! Die Wehr bekämpft einen Industriebrand.

Technische Hilfeleistung gehört auch zu den Aufgaben einer freiwilligen Feuerwehr. Die Bevölkerung schaut interessiert zu.

Idylle in der Innenstadt: Die Geis floss noch durch die Stadt, ein Brückchen überspannte den Bach am „Rennhöfchen".

An der Obergeis, 1956. Der noch offene Bach war zwar schon vermauert und kanalisiert, aber trotzdem ein schöner Spielplatz für die Kinder.

Die Benno-Schilde-Straße/Ecke Obergeis im Jahre 1968.

Das Torwächterhaus in der Breitenstraße/Ecke Bismarckstraße verschwand im Zuge des Hochstraßenbaues.

Von der Geis gespeist, Bohlenders Mühle in der Dippelstraße: ein Kleinod, welches erhalten blieb, allerdings ohne Mühlrad und Bach.

Ein Teil der alten Stadtbefestigung mit Klausturm.

Die Klausstraße, 1963. Rechts sieht man eines der alten Fachwerkhäuser, die ehemalige Bäckerei Göbel.

Klausstraße noch im vollen Verkehrsfluss, 1963.

Die Weinstraße mit den herrlichen Fachwerkhäusern ist hier noch keine Fußgängerzone.

Auch der Linggplatz ist noch zugeparkt.

Die Mistegasse. Sie diente im Mittelalter als so genannte Brandgasse zwischen den Häuserzeilen.

In unmittelbarer Nachbarschaft zur Mistegasse: die Hospitalgasse. Damals war sie der einzige Zugang zum Altenheim „Hospital", einem schönen Fachwerkhaus, das den Pflegeschwestern als Wohnheim diente und im Zuge der Neubaumaßnahmen abgerissen werden musste.

Die Schulturnhalle in der Hainstraße diente als Sporthalle der Südschule und des Mädchengymnasiums Luisenschule.

Einer der vielen Standorte des Dudenbrunnens war die Ecke Hainstraße/Johannestor/Fulda-straße, 1968.

Ein Stadtturm in der Eichhofstraße/Nachtigallenstraße, der als Trafostation diente, 1955.

In einem verheerenden Großfeuer brannte die Stadtkirche im Jahre 1952 aus. Schon ein Jahr später konnte sie nach gründlicher Renovierung wieder eingeweiht werden.

Es ist soweit: Nach vielen Diskussionen wird die Weinstraße für den Durchgangsverkehr gesperrt und zur Fußgängerzone erklärt. Bürgermeister Werner Hessemer (rechts) enthüllt das Sperrschild im Jahre 1968.

Die Hersfelder Bevölkerung nimmt die Weinstraße als Fußgängerzone in Besitz.

Die Anlagen an den Nordschulteichen
mit der Stadtmauer, ein beliebter Erho-
lungsort der Hersfelder.

Die Stiftsmauer in der Burggasse mit
Stadttor.

Das Peterstor von der Hünfelderstraße aus gesehen: endloser Stau der Fahrzeuge. Die Bundesbahnstrecke von Nord nach Süd durchschnitt den Verkehrsfluss auf der B27, die mitten durch die Stadt führte.

Die Neustadt von der Bahnschranke aus gesehen, links das Zunfthaus.

Die Verkehrssituation an der Postkreuzung/Neustadt: die Bahnschranke ist gerade geöffnet, der Verkehrsstrom wälzt sich in die Stadt. Ein auf die Dauer unhaltbarer Zustand, dessen Lösung im Bau einer Hochstraße bestand.

Das Klaustor mit der Stadtwaage.

Der Bau der Hochstraße beginnt, die ersten Pfeiler stehen bereits.

Leider muss durch diese Baumaßnahme ein ganzes Stadtviertel abgebrochen werden. Auch das „Zunfthaus", ein Gebäude der Gesellschaft „Verein", fiel der Spitzhacke zum Opfer, 1965.

Der hessische Ministerpräsident Holger Börner, rechts, eröffnete 1970 die Hochstraße am Peterstor, ein gewaltiges Bauwerk und Meilenstein im Verkehrswesen der Stadt.

Vom Turm der Stadtkirche hat man einen schönen Blick ins Fuldatal. Links: die neu gebaute Hochstraße.

Der Schillerplatz, ein Ort der Ruhe und Entspannung in der Stadtmitte, 1960.

Der gleiche Platz fünf Jahre später: Zur Verbesserung des Verkehrsflusses wird ein Stadtring geplant. Hier fällt der erste Baum der Motorsäge zum Opfer.

Bad Hersfeld ist wieder eine deutsche Garnisonsstadt. Neben einer US-amerikanischen Einheit rollte ein Bundesgrenzschutzkommando in eine neu errichtete Unterkunft in die Stadt, 1963.

Die neue BGS-Unterkunft „An der Kühnbach", an der Autobahn A4 gelegen, der „Rollbahn" an die damalige Zonengrenze zur DDR.

Hans Werner, ein alter Schuhmachermeister, ist hier an seinem Arbeitsplatz zu sehen, 1958.

Ein „Rollkutscher" bei der Arbeit, gemeinsam mit seinen Kaltblütern.

Zwei Straßenreiniger bei der Arbeit in der Nachtigallenstraße, dem heutigen Stadtring.

Durch Unterspülung stürzte 1963 das Turbinenhaus des Rechbergwehres an der Fulda ein. Es wurde ganz abgeräumt und der Fluss hatte wieder seinen freien Lauf.

Im Zuge der „Campingbewegung" in den Fünfziger- und Sechzigerjahren hatte Bad Hersfeld auch einen Campingplatz. Das städtische Strandbad, welches geschlossen wurde, diente diesem Zweck.

Der 7. Hessentag, ein Fest der Hessen, fand im Jahre 1967 in Bad Hersfeld statt.

Zur Eröffnung des Hessentages kam auch der damalige Bundespräsident Heinrich Lübke mit seiner Gattin. Rechts neben ihm ist Bürgermeister Werner Hessemer, links neben Frau Lübke der Hessische Ministerpräsident, Georg August Zinn, mit seiner Gattin, zu sehen. Ganz links: Frau Hessemer und das Ehepaar Landrat Edwin Zerbe.

Mit der Schließung der beiden Hersfelder Tuchfabriken im Jahre 1960 ging eine lange Tradition zu Ende. Auf dieser Fotografie ist das Gelände der Firma A. Rechberg zu sehen.

Georg Braun KG stand auf dem Dach in Leuchtbuchstaben, aber die Lichter gingen nach knapp 100 Jahren aus.

Nach 100 Jahren ging die Hersfelder Brauerei W. Engelhardt im Jahre 1963 an die Firma Binding AG in Frankfurt/Main über. 1974 stellte man die Produktion ein und die Gebäude wurden abgebrochen. Heute steht dort ein Parkhaus.

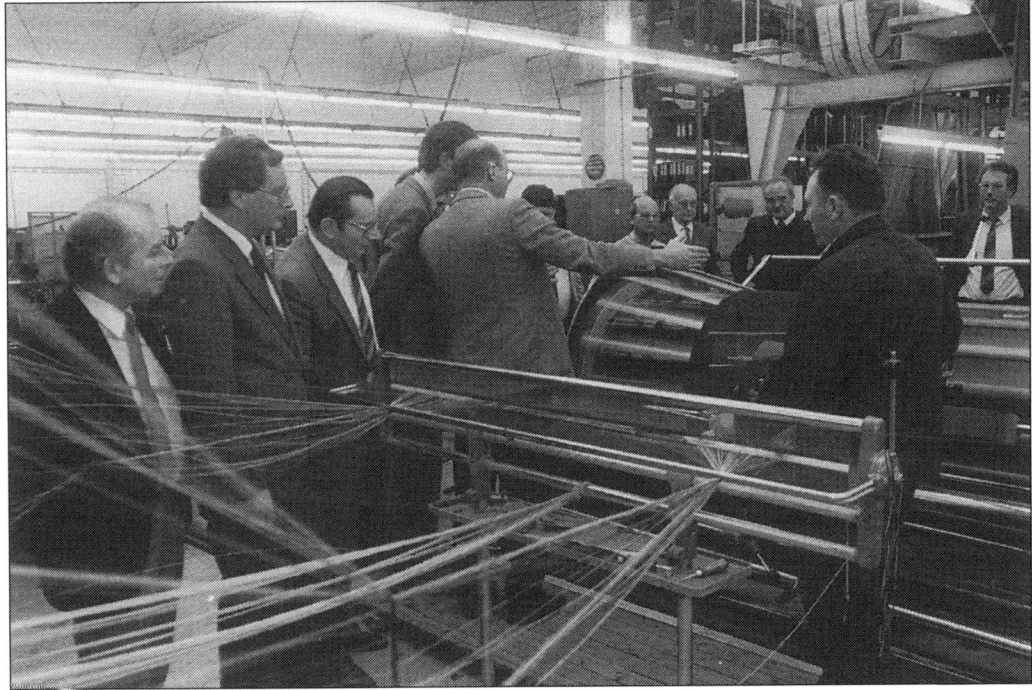

Die Firma Ad. Wever GmbH & Co. KG ist als einzige in Bad Hersfeld verbliebene Tuchweberei, neben einer „Design Tuft DT", Herstellerfirma des einst großen Gewerbes.

Im Jahre 1963 wurden die Kurbetriebe vom Land Hessen übernommen. Bad Hersfeld war nun Hessisches Staatsbad.

Der Eingangsbereich zum Kurpark wurde, wie der Park selbst, großzügig umgestaltet.

Das Kurhotel wurde wegen eines Neubaus abgebrochen.

Auch das Kurparkrestaurant fiel den Umgestaltungsmaßnahmen zum Opfer.

Der Lullusbrunnen wurde neu geschürft, dafür mussten die Tennisanlagen des TC Blauweiß Bad Hersfeld e.V. verlegt werden, 1963.

Die Stadthalle, noch von den Kriegsspuren gezeichnet, wurde großzügig renoviert und vergrößert.

Domäne Bingartes, ein dörfliches Idyll am Rande der Stadt. Die Haune fließt vorbei, sie treibt eine Mühle an, 1960.

Sechs Jahre später entsteht auf dem Domänen-Gelände eine Fabrik. Die Firma Hoechst AG stellt dort Trevirafäden her.

Gleichzeitig wird auf dem Johannesberg von der Stadt Bad Hersfeld, in unmittelbarer Nähe zum Werk, eine Wohnsiedlung errichtet. Die Erdarbeiten für den Straßenbau sind im vollen Gange.

Auf dem Gipfel des Johannesberges herrscht ländliche Ruhe, unterhalb der „Klosterschänke" weiden noch Pferd und Esel.

Die „Klosterschänke", ein Außenwerk des Klosters Hersfeld im Stift zu Ehren des heiligen Johannes (erstmals erwähnt im Jahre 1012).

Seit über 50 Jahren finden in der romanischen Stiftsruine die berühmten Bad Hersfelder Festspiele statt. Ein imposantes Bühnenbild und ein akustisches Klangwunder machen diese Spiele zu einem Erlebnis.

Fanden die Spiele bisher unter freiem Himmel statt, so war der Zuschauer den Unbilden des Wetters ausgesetzt. 1968 schuf Professor Frei Otto aus München ein mobiles Zeltdach, welches, an Drahtseilen mit elektrischen Motoren gezogen, sich über den gewaltigen Zuschauerraum spannt.

Der erste Schirmherr der Festspiele, Bundespräsident Theodor Heuss, fand auch als Amateur-maler in Bad Hersfeld reizvolle Anregungen, 1955.

Professor Carlo Schmid, Vizepräsident des Deutschen Bundestages, besucht die Proben zur Spielzeit 1970, rechts Intendant Prof. Dr. Ulrich Erfurt.

Persönlichkeiten der Stadt Bad Hersfeld. Oben links: Karl Günzel, Hauptmann der deutschen Wehrmacht. Ende 1945 rettete er seine Heimatstadt vor der Zerstörung. Oben rechts: Gerhard Uhde (1902-1980) machte sich einen Namen als Schriftsteller und Schauspieler bei den Festspielen. Unten links: Hans Petsch (1891-1978), Mitbegründer der Festspiele und Komponist der Festspielmusiken. Unten rechts: Siegfried Heinrich, Begründer der Opernfestspiele. Kultusminister Hans Krollmann (rechts) bei einer Ehrung Heinrichs.

Der Eichhof, die alte Trutzfeste der Äbte vor den Toren der Stadt. Die Inschrift am Eingangstor lautet: 1324-1387.

1953: Gründung der Siedlungsgemeinschaft Eichhof durch Heimatvertriebene.

Professor Dr. Konrad Zuse, Vater des Computers und auch ein begnadeter Maler, ist hier bei seinem 80. Geburtstag in seinem Atelier zu sehen.

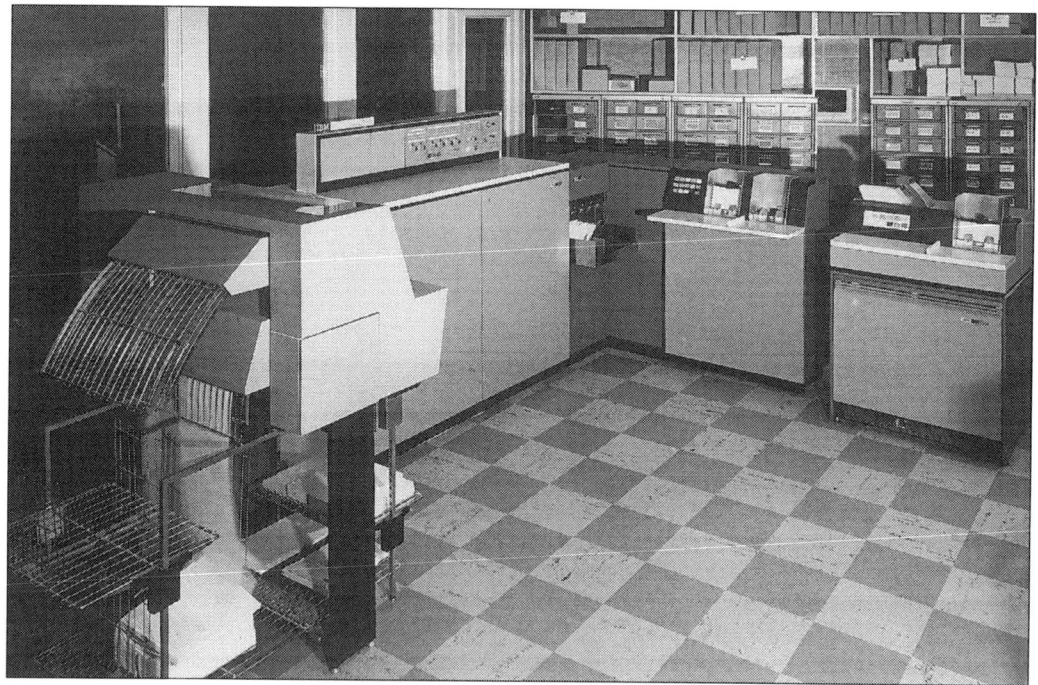

1957 begann Konrad Zuse in Bad Hersfeld mit der Fertigung von Bauelementen für die elektronische Datenverarbeitung. 1971 ging das Werk in den Besitz der Siemens AG über.

Mit der Autobahn A7 Kassel-Würzburg wurde eine große Lücke in der Verkehrsverbindung Nord-Süd geschlossen. Hier ist eine Wagenkolonne im Kreis Hersfeld/Rotenburg angekommen, Abfahrt Niederaula, 1968.

Eine schöne Steinbrücke wird dem Verkehr geopfert: Sprengung der Brücke bei Kohlhausen, 1972.

Im Zuge der Dorfsanierung wurde auch der alte Brunnen auf dem Petersberg restauriert.

Haferernte auf dem Petersberg. Die Garben wurden noch mit der Hand gebunden und zum Trocknen aufgestellt, 1958.

Wahlkampf zur Bundestagswahl 1963. Der Vater des „Wirtschaftswunders", Ludwig Ehrhard, ist an der Stiftsruine angekommen, um eine Kundgebung abzuhalten.

Deutscher Wandertag in Bad Hersfeld, 1969. Schirmherr der Veranstaltung ist Bundeskanzler Kurt Georg Kiesinger.

Der Kreis Hersfeld/Rotenburg war Zonengrenzbezirk, menschlich und wirtschaftlich ein großer Nachteil. Straßen und Schienen endeten am Stacheldraht, ein Grenzübergang war weit entfernt. Hier sind noch die „einfachen" Grenzsperranlagen an der Werrabrücke bei Vacha/Thüringen zu sehen, später stand hier eine Betonmauer, 1958.

Am 17. Juni veranstaltete die CDU/Deutschland jährlich eine Großkundgebung an der Grenze bei Philippsthal an der Werra. Der damalige rheinland-pfälzische Ministerpräsident und spätere Bundeskanzler Dr. Helmut Kohl hält eine Ansprache, 1978.

Ein Sommerfest im Schlosspark von Philippsthal an der Werra, mit Teich und Orangerie.

Noch dampft die Hersfelder Kreisbahn durch das Solztal. Die Strecke führte von Bad Hersfeld nach Heimboldshausen im Werratal und wurde 1912 erbaut. Nach Einstellung des Personenverkehrs im Jahre 1969 diente die Bahn ausschließlich dem Kaligüterverkehr und ab 1987 fuhr sie gar nicht mehr.

Der letzte Dampfzug fährt durch Bad Hersfeld. Ab 1963 wurde die Strecke elektrifiziert.

Sepp Herberger, der die Deutsche Fußballmannschaft 1954 zur Weltmeisterschaft führte, ist hier zu Gast im Jahnstadion.

Bezirksmeisterschaften der Leichtathleten auf der Aschenbahn im Jahnstadion, 1960.

Die Reitturniere, ausgerichtet vom Hersfelder Reit- und Fahrverein, fanden „An der Bleiche"
statt, 1960.

Dreharbeiten zum ersten „Tatort"-Krimi der ARD bei Kirchheim, 1961. Walter Richter alias „Kommissar Trimmel" im Gespräch mit Regisseur Schulze-Rohr (Bildmitte).

Geruhsames Paddeln auf der Fulda, „Am Laufholz", im Hintergrund das Wasserschloss Eichhof.

Der Borgmannturm auf dem Eisenberg (634 m) im Knüllgebirge, ein beliebtes Wanderziel der Wanderfreunde aus nah und fern.

Alte Försterei in Niederaula. Linde und Mauer sind Opfer des neuen Straßenbaues geworden.

Im Seulingswald bei Friedewald befindet sich ein letzter Turmüberrest der Gießlingskirche, Zeuge eines Dorfes, das 1313 erwähnt wurde.

Oberhalb des Jossatales, an der alten Handelsstraße „Kurze Hessen", liegt die 1298 vom Hofmarschall Heinrich von Romrod erbaute Burg Herzberg (505 m). Heutige Besitzer sind die Dörnbergs.

Der Lampenputzer. Als Baustellensicherung wurden damals Petroleumlampen benutzt, 1958.

Der nächste Winter kommt bestimmt. Kohleneinkellerung in einer Gasse der Altstadt.

Die Heimat entdecken!

Von Kiel bis Wien,
von Aachen bis Görlitz:
Entdecken Sie Alltagsgeschichten
aus Ihrer Heimatstadt!

Leben in der Großstadt ...

Tauchen Sie ein in das quirlige Großstadtleben vergangener Tage. Spazieren Sie über breite Boulevards und stürzen Sie sich ins Nachtleben. Erkunden Sie ihre Stadt durch die Fensterscheiben einer Straßenbahn oder des ersten Käfers und bewundern Sie prächtig geschmückte Schaufenster.

... und ländliche Idylle

Wie sah das Leben in Ihrer Heimat aus, als die Bauern noch mit Pferden pflügten und jedes Dorf seinen eigenen Schmied hatte, jeder noch jeden kannte und das Leben sich zwischen Kirche, Wirtshaus und Wohnküche abspielte?

Erinnerungen an die Schulzeit …

Erinnern Sie sich noch an die Zeiten von Abakus und Schiefertafel, an Klassenausflüge oder den ersten Taschenrechner? Blicken Sie zurück auf große Klassen und gestrenge Schulmeister, entdecken Sie auf Klassenfotos Freunde und Bekannte von früher!

... und das Arbeitsleben

Entdecken Sie, wie sich das Arbeitsleben in den letzten hundert Jahren verändert hat. Werfen Sie einen Blick in Fabrikhallen, blicken Sie Handwerksmeistern bei ihrer Arbeit über die Schulter und erinnern Sie sich an den Einkauf im Tante-Emma-Laden.

www.suttonverlag.de

Gesellige Stunden im Verein …

Fußballclub und Schützenverein, Musikkapelle und Gesellenverein: Schauen Sie zurück auf Volksfeste und Turniere, Chorproben oder Prunksitzungen. Erinnern Sie sich an schöne Stunden und das gesellschaftliche Leben in Ihrer Heimat.

... und im Familienkreis

Werfen Sie einen Blick in die Wohnzimmer vergangener Tage und entdecken Sie, wie sich zwischen schweren Eichenmöbeln, Nierentischen und Ikea-Regalen der Alltag verändert hat. Erleben Sie Familienfeiern und Weihnachtsfeste im Wandel der Jahrzehnte mit.

www.suttonverlag.de

MIX
Papier | Fördert
gute Waldnutzung
FSC® C083411

Zeitfracht Medien GmbH
Ferdinand-Jühlke-Straße 7
99095 Erfurt, Deutschland
produktsicherheit@kolibri360.de

Druck:
CPI Druckdienstleistungen GmbH
im Auftrag der
Zeitfracht Medien GmbH
Ein Unternehmen der Zeitfracht - Gruppe
Ferdinand-Jühlke-Str. 7
99095 Erfurt